विद्रोही कलम

कुमारी माही

BlueRose ONE.com
Stories Matter
NewDelhi • London

BLUEROSE PUBLISHERS
India | U.K.

Copyright © Kumari Mahi 2025

All rights reserved by author. No part of this publication may be reproduced, stored in a retrieval system or transmitted in any form or by any means, electronic, mechanical, photocopying, recording or otherwise, without the prior permission of the author. Although every precaution has been taken to verify the accuracy of the information contained herein, the publisher assumes no responsibility for any errors or omissions. No liability is assumed for damages that may result from the use of information contained within.

BlueRose Publishers takes no responsibility for any damages, losses, or liabilities that may arise from the use or misuse of the information, products, or services provided in this publication.

For permissions requests or inquiries regarding this publication, please contact:

BLUEROSE PUBLISHERS
www.BlueRoseONE.com
info@bluerosepublishers.com
+91 8882 898 898
+4407342408967

ISBN: 978-93-7018-838-9

Cover design: Yash Singhal
Typesetting: Namrata Saini

First Edition: April 2025

लेखिका परिचय

कभी शब्दों से खेलना, कभी काग़ज़ पर दिल उकेरना, कभी स्याही से सपनों को रंगना—यही है *कुमारी माही* की दुनिया! बिहार के सिवान ज़िले के रघुनाथपुर से ताल्लुक रखने वाली माही, 23 साल की एक युवा कवयित्री हैं, जिनके लिए कविता केवल लिखने का माध्यम नहीं, बल्कि जीने, प्रेम करने और अभिव्यक्त करने की कला है।

केन्द्रीय विद्यालय से स्कूली शिक्षा प्राप्त कर, उन्होंने अपनी उच्च शिक्षा दिल्ली में पूरी की। माही की कविताएँ समाज से प्रेरित हैं—उन अनकही कहानियों, उन दबे स्वरों, उन अनसुनी चीखों से, जिन्हें सुनना और सुनाना बेहद ज़रूरी है। उनके लिए कविता मात्र शब्दों की लड़ी नहीं, बल्कि परिवर्तन की एक चिंगारी है।

अगर आप भी शब्दों के इस सफर में उनके हमसफ़र बनना चाहते हैं, तो पन्ने पलटिए और डूब जाइए उन एहसासों में, जो आपको ज़िन्दगी के किसी न किसी मोड़ पर ज़रूर छू जाएंगे।

आभार

शब्दों की यह यात्रा मेरे लिए किसी स्वप्न के साकार होने जैसी है। यह मेरी पहली पुस्तक है, और यह मेरे लिए अति प्रासंगिक और विशेष है। जब मैंने इस यात्रा की शुरुआत की, तो मेरे पास केवल भावनाएँ, विचार और शब्द थे, लेकिन इसे आकार देने में जिनका योगदान रहा, वे मेरे लिए किसी रोशनी के दीपक से कम नहीं हैं।

सबसे पहले, मैं दिल से आभार व्यक्त करना चाहूंगी *ब्लूरोज़ पब्लिशर्स* और अपनी पूरी टीम का, जिन्होंने मुझे न केवल इस पुस्तक को प्रकाशित करने का अवसर दिया, बल्कि हर कदम पर मेरा समर्थन किया और मेरी क्षमताओं पर विश्वास बनाए रखा। उनके बिना यह सफर अधूरा होता।

मेरे जीवन के सबसे मजबूत स्तंभ—*बाबा, नाना और अम्मा*, आप तीनों ने मुझे हमेशा अपने प्यार, विश्वास और आशीर्वाद से संबल प्रदान किया। आपकी शिक्षाओं ने मुझे जीवन की राह में अडिग बनाए रखा और आपकी प्रेरणा ने मुझे हर चुनौती का सामना करने की शक्ति दी।

मेरे माता-पिता—*माँ और पापा*, आपने कभी भी मुझे हतोत्साहित नहीं किया, मेरी उड़ान को कभी रोका नहीं, बल्कि हमेशा मुझे और ऊँचा उड़ने का हौसला दिया। आपके अटूट विश्वास और प्रेम ने मुझे हर कठिनाई में दृढ़ बनाए रखा। आप मेरे सबसे बड़े सपोर्ट सिस्टम हैं।

मेरी *दीदी*, जो हमेशा मेरी ढाल बनी रहीं, हर सुख-दुख में मेरे साथ खड़ी रहीं। आपका मार्गदर्शन और स्नेह मेरी ताकत है।

सभी दोस्तों, शुभचिंतकों और उन पाठकों का भी दिल से आभार, जिनकी वजह से मेरी लेखनी को एक नई दिशा मिली। यह पुस्तक आप सभी के प्रेम, समर्थन और विश्वास का ही प्रतिफल है।

आप सभी के स्नेह, प्रेरणा और आशीर्वाद के बिना यह पुस्तक संभव नहीं थी।

सादर,
कुमारी माही

प्रिय पाठक,

ये कविता जो तुम्हारी आँखें पढ़ पा रही हैं, मैं इन्हें केवल अपनी कहानी या किस्सा नहीं कहूँगी। ये कहानी हमारी है जिसके हर अंश में तुम खुद को कही-न-कही ढूंढ लोगे। मैंने बहुत संघर्ष नहीं किया है पर देखा है लोगों को करते इस समाज में, उम्र कच्ची होगी मेरी पर तुम मेरी पंक्तियों को समाज का हिस्सा समझ के उन्हें सच्चाई के साथ पढ़ना, तो शायद देख पाओगे कि मेरी लिखाई क्यों इतनी सवाल जनक है। ये किताब मेरी पहली किताब है, जब मैंने अपनी इस किताब को तुम सब के साथ साझा करने का निर्णय लिया था तभी सोच लिया था की ये कलम अब विद्रोही बनेगी, पूछेगी ऐसे कई सवाल जो दबा दिए गए हैं, जिनपर पर्दा डाल दिया गया है और हम सब आँखें बंद करके आगे बढ़ रहे। ये कविताएँ बहुत सोची-समझी कलम से नहीं लिखी गयी, इन्हें उतारा गया है ठीक वैसे ही जैसे मन में ये आयीं थी। विद्रोही कलम से मेरा ये सिलसिला बेहद पुराना और अपना है, तुम्हारा इस किताब को पढ़ना मेरे लिए बड़ी बात है, शुक्रिया।

- **कुमारी माही**

विद्रोही कलम

अनुक्रमणिका

1. मेरी प्रिय औरत 1
2. बदचलन 3
3. आईना 5
4. मंज़िल 6
5. प्रेम करने की सीमा 8
6. यात्रा 9
7. मैं चाहती हूँ 10
8. आधुनिक भारत 11
9. मैं तुम्हारी लिखी कविता बनना चाहूंगी 12
10. देखो तुम मुझे नग्न 13
11. हाथों का मिलना 15
12. अगली बार ऐसे मत मिलना 16
13. मैं अक्सर इन दिनों तुम्हें ज्यादा सोचती हूँ 18
14. समाज 20
15. मौत सहेली है मेरी 21
16. थूकती है द्रौपदी 22
17. दादी 24
18. मुझे लिखना नहीं आता 26
19. डेवलपमेंट 27
20. आज़ादी को ख़रीदना पड़ता है 29

21. कितना कम सा तो फर्क है.................................31
22. उसे चाहिए 32
23. प्रेम में पागल स्त्री..33
24. वासना 34
25. प्रेम 35
26. तुम्हारी कविताओं का हिस्सा होना है...................36
27. इस तरह एक कवयित्री प्रेमिका का रूप लेगी 37
28. कब्र से न्यायालय तक का सफर 38
29. गांव का प्रेम..40
30. पुरुष मौन है..42
31. प्रेम में पुरुष बच्चा बन जाता है 43
32. प्रेम को मैं अभी पूर्ण विराम लगाती हूँ 44
33. सवाल 45
34. जीत उसी हार में छिपी होगी मेरी 46
35. विश्वविद्यालय की डिग्री....................................48
36. कौन है असफल?...49
37. लैंगिक असमानता की पहुँच...............................50
38. राहत सी मिल गयी इस विधवा को 52
39. पुरुष, महिला और भूगोल 54
40. लिखते रहूंगी..55

1. मेरी प्रिय औरत

अगर तुम अभी इस वक्त ये पढ़ पा रही हो
तो सुनो
तुम खूब आगे बढ़ना
जो कोई पैरों में पायल बाँधने की कोशिश करे
तुम किवाड़ लांघ जाना
तुम्हारी विज्ञान की किताब के पन्ने को
जो घरवाले उन दिनों के लिए फाड़े
तुम किताब को ऊपर वाले ताखे पे छिपा देना
तुम सबकी बातें सुन जाना
सुन के एक दो बार यकीनन
अपनी मुंडी हामी के रूप में हिला देना
उनके लौट जाने के बाद
तुम वही करना जो सोचा है तुमने
मेरी प्यारी औरत
तुम अम्मा बाबा से खूब प्यार करना
पर उनको खुश करने के अंधकार रास्ते में ख़ुद को भूल मत जाना
थोड़ा गुस्साना,
 दिल में आए तो तकिये से लिपट कर रोना
बारिश में रोना
नहाते वक्त रोना
कमजोरी तुम्हारी तुमसे बेपर्दा हो सके ये जरूरी है
बाकियों के सामने बड़ी सतर्क रहना

तुम्हारा पैदा होना ही तुम्हारी सबसे बड़ी चुनौती है
मेरी प्रिय औरत
किसी के इशारों में मत चलना
अपने स्वाभिमान को सबसे आगे रखना
तब जाकर तुम्हें ये पता चल सकेगा
कि तुम्हारे जीवन जीने की क्षमता में तुम्हारा क्या सहयोग रहा!

2. बदचलन

आज दफ़्तर जाते वक़्त एक सवाल मिला
मिला वो बीच रास्ते में
किसी रुकावट की तरह
सवाल किसी दुकान पे बैठे एक बूढ़े ने किया
तीखे भाव, तुनुकमिजाजी लहज़े में
कहाँ जाती हो हर दिन सुबह-सुबह?
शाम तक आती हो!
आखिर घर कब सँभालोगी किसी के साथ
नाम क्या है तुम्हारा?
मैंने कहा मेरा नाम है "बदचलन"
हैरान उसकी भँवे
हाँ और नहीं तो क्या, बदचलन ही तो हुई
दफ़्तर जाती हूँ
अकेले घर से दूर
शहर में रहती हूँ,
उम्र का लिहाज़ नहीं
दफ़्तर के कामों में उलझी हूँ
घर पे कपड़े थोड़े मैले, थोड़े सुख रहे हैं
खाना कभी कम तो कभी जला लिया करती हूँ
शादी-ससुराल के लिए
हृदय में कोई स्थान नहीं!
तुम अगर इस मॉडर्न युग में भी ऐसे देखोगे

तो फिर काका मैं बदचलन ही कहूँगी
ना उसका सरनेम है मेरे पास
ना शुद्ध होने का सबूत
सुनो काका
तुम मुझे इसी नाम से पुकारा करना।

3. आईना

आज कई दिनों बाद
आईने के सामने मैंने अपने बाल बनाये
जब मुड़ने लगी तो
पीछे से आवाज़ आयी
"हैरान हूँ तुम्हें यूँ देखकर"
मैंने पलट के जवाब माँगा
आईने ने कहा
तुम्हें हर दिन रोता हुआ देखा है मैंने
आज ये चेहरे का सुकून मुझे ताज्जुब कर रहा
मेरी नज़रें शर्म से झुकीं
मैं जान गई थी
कि आईना ख़फ़ा है मुझसे
उससे लगता है वो मेरे केवल दुख का हिस्सा है
अब कैसे बताऊँ उसे
उसने मुझे मेरे बिखरे-बुरे स्वभाव में देखा है
मेरे नग्न मन को केवल उसने ही समझा है
उसने मुझे बेहतरीन पल दिये हैं .
जहां मैं अकेली शांत और लीन थी
उसने वो देखा है जो मैंने दुनिया से छिपाया है
मेरे कलेजे में उबलते आग को देखा है
आँख से सुखी आँसुओं की झील को देखा है
वो कोई पराया नहीं
मेरा परम मित्र है
मेरे आईना मेरा परम मित्र है।

4. मंज़िल

फ़र्ज़ करो
रास्ते में साथ चलें
मीलों दूर
मंज़िल पास आ रही हो
हम दोनों बेहद खुश
पर हाथ छूट जाये
मैं देखूँ बहुत
मगर ना दिखो तुम
रास्ते में साथ चलें
मीलों दूर
मंज़िल पास आ रही हो
हम दोनों बेहद खुश
पर हाथ छूट जाये
मैं देखूँ बहुत
मगर ना दिखो तुम
आँखें डब-डबायी
धड़कनें कानों में सुने जा रहे
एक तरफ़ मंज़िल हो
और दूसरी तरफ़ तुम्हारी तलाश
कहीं भी जाऊँगी
दूसरा छूटेगा
चुनना मुश्किल होगा

पर चिंता मत करना
मैं मुड़ूँगी दुबारा
उसी रास्ते पे
जहां से मीलों तय किया था
साथ मिलकर अपने भविष्य को देखा था
आऊँगी मैं फिर
खोजते तुम्हें
और यकीन करो
मंज़िल तो तुम ही थे
वो तो बस
सफ़र तुम्हारे साथ तय करना था
इसीलिए बढ़ाये थे कदम!

5. प्रेम करने की सीमा

क्या प्रेम को प्रेम किया जा सकता है
आखिर प्रेम करने की सीमा क्या होगी
ऐसा कोई रास्ता
जो ख़त्म होता हो
ऐसी कोई दीवार
जो प्रेम की लम्बाई और चौड़ाई बता सके
प्रेम में
कोई कहां तक जाता होगा
किस नदी और समुन्दर
तक उसकी नज़र होगी
सूरज के प्रतिबिम्ब की तरह
क्या प्रेम भी हर जगह चमकता है
प्रेम को कितना समझा जा सकता है
कोई कैसे गुना-भाग करके बताएगा
प्रेम में तुम होगे
पर क्या बता पाओगे
क्या मात्रा होती है प्रेम की
कहाँ से शुरू और कहाँ पे ख़त्म होता है
क्या कोई दहलीज है
कोई पहाड़ है
जहां जाकर प्रेम का ठप्पा लग जाए
सोचो जरा
प्रेम गहरा है या ये समुन्दर!!!

6. यात्रा

और आखिरी के उन दिनों में
जब तुम मिलने आओगे
तब समझूंगी
ये प्रेम पूरा हुआ
तुम पूछोगे
क्या कभी तुमने प्रेम किया?
मैं उत्तर दूंगी
पहाड़ों से
किताबों से
गुल-बहार से
नदियों से
बादलों से
पतझड़ से
फिर तुम कहोगे
और???
और इन सब में उस एक चेहरे से
तुम चाहोगे पूछना
और पूछोगे भी
किस्से?
मैं एक आह भरूंगी
तुम्हें देखते-देखते
एक लम्बी शांत यात्रा पर निकल जाऊँगी।

7. मैं चाहती हूँ

मैं चाहती हूँ
तुम मेरे लिए प्रेम लिखो
लिखो कुछ कच्चा-पका सा
टूटे-फूटे शब्द
लिखो तुम क्या चाहोगे
जब प्रेम लेके आओगे
मेरे बगल में बैठ
क्या प्रेम कहोगे
कौन से रंग-रूप का प्रेम ला पाओगे
मेरी कानों ने जो पहले कभी न सुना हो
जो आँखों ने न कभी देखा होगा
सिहरन सी उठे जो मन में
कुछ ऐसा प्रेम कहना
लिखना तुम
कि कैसे इतराना होगा
कैसे प्रेम करोगे
क्या होगा
जब अँधेरा होगा
किस तरीके से प्रेम की रौशनी लाओगे
लिखो तुम कुछ ऐसा प्रेम!

8. आधुनिक भारत

इस आधुनिक भारत में
अभी भी मैं
औरतों को अस्वतन्त्र-बेहाल देख पाती हूँ
मैं जहां तक देख पाती हूँ उन्हें
घर के किसी कोने में
रोटी से हाथ जलने में
तरकारी में नमक कम-ज़्यादा होने में
मर्दों की चींख़ों में
उनके बेल्ट की आवाज़ों में
वेश्यालय में
बदन पे झेले गये निशानों में
जानवरों की तरह
दिन-रात कपड़े बर्तन चूल्हे में
रास्ते पे चल रहे
दरिंदे की आँखों में
बिस्तर पे लाश की तरह
इस्तेमाल होते रातों में
और उस नर्क तक
जहां तक तुम्हारी सोच
की सीमा भी साथ छोड़ दे।

9. मैं तुम्हारी लिखी कविता बनना चाहूंगी

जो तुम कभी पूछो
कि आखिर
क्या चाहिए मुझको
बताऊँगी मैं
चाहूंगी एक हिस्सा
तुम्हारी उस डायरी का
जिसमें लिख सको तुम
कुछ मेरे बारे में
बनना चाहूंगी
वो एक कलाकार
जो तुम्हें सबसे पसंद हो
खुद को तुम्हारी
कलम में खोजूंगी
मैं तुम्हारी लिखी
कविता बनना चाहूंगी
और फिर देखूंगी
कि तुम उसे
किस नजाकत के साथ पढ़ोगे
कैसा जुनून होगा
उस वक़्त
हम दोनों के हृदय में!

10. देखो तुम मुझे नग्न

मैं चाहूँगी
कि देखो तुम मुझे नग्न
एक औरत को देखना
उन सभी औरतों को
देखने समान है
जो तुम्हारे इर्द-गिर्द
चुपचाप सहमी खड़ी हैं
मेरे वस्त्र उतरेंगे
तब भी तुम मुझे
स्पष्ट नहीं देख सकोगे
बताती हूँ क्यों भला!
ज़रा क़रीब आओ
ध्यान से नजरें झुकाओ
दिखेंगे वो सभी
गंदे-काले हाथ
जिन्होंने मेरे बदन को पत्थर बना दिया
मेरी नज़र से देखोगे
तो दिखेंगे
कुछ 15-20 ऊँगलियों के निशान
जो छाती पे है
कमर पे है
हाथों पे है

योनि पे है
जाँघों पे है
और पास आओगे तो
देखोगे मेरे उन सभी टूटे केस को
जिन्हें नोचा-पकड़ा और खींचा गया है
अपनी वासना में
यूँ ही हम औरतें बचपन से
चिड़-चिड़ी और भय-भीत नहीं होतीं।

11. हाथों का मिलना

सोचो जो कोई सड़क पार करते वक्त
ज़ोर से हाथ पकड़े
मेरे कंधों को वो
किसी सूरजमुखी सा थामे
हाथों की गर्मी
ऐसे महसूस हो
जैसे ठंड में लू बह रही हो
सोचो जो कोई ऊँगलियों को फँसाकर
इधर-उधर ताके
तुम्हें वो सड़क पार ले जाए
हाथों का मिलना कितना खूबसूरत होगा ना
जब खुले आसमान में
सभी लोग, चलती गाड़ियाँ, पेड़-पौधे
हवा, धूप, चिड़िया
ये देखेंगी कि किसी दो प्रेम में पड़े
पागलों ने कैसे सम्भाल रखा है
एक-दूसरे को
हमारी लकीरें मिलेंगी
तुम बस पार कराने के बाद भी ऐसे ही
मेरी ऊँगलियों से उलझे रहना
मुझे तब भी ऐसे ही देखना
जैसे नदी देखती है
नाव को!

12. अगली बार ऐसे मत मिलना

सुनो माँ
अगली बार ऐसे मत मिलना
अरे मतलब
अपनी पूरी ज़िन्दगी
हमें सोच के मत निकाल देना
मैं चाहती हूँ
अगली बार जब मिलो तुम मुझसे
तो इस बार से और ज़्यादा निखर कर मिलना
क्या खाना बनेगा
कपड़े धुले या नहीं
पापा ने दवाई खायी या नहीं
हमने पढ़ाई की या नहीं
ये सब फालतू के कामों में खुद को मत उलझाना
ये सब मत सोचना
तुम खूब खुलकर जीना
शादी थोड़ी और देरी से करना
बच्चों को ही सिर्फ अपना सारा समय मत देना
बाहर जाना, नए दोस्त बनाना
अकेले घूमने जाना
खुद पे खूब पैसे खर्च करना
अंत में मैं ये कहूँगी
दूसरे के बारे में कम सोच के

खुद के लिए जीना
सुनो माँ
अगली बार तुम थोड़ा और निखर कर मिलना।

13. मैं अक्सर इन दिनों तुम्हें ज्यादा सोचती हूँ

तुम्हारे मिलने का इंतज़ार है
कब मिलोगे, कैसे मिलोगे
कौन से रंग की शर्ट पहनोगी तुम
किस बाज़ार या मोहल्ले में दिखोगे
किसी के साथ होगे या अकेले मिलोगे
मैं अक्सर इन दिनों तुम्हें ज्यादा सोचती हूँ
काम करने के बाद
तुम हर पहर मेरे भीतर चलते हो
अक्सर मैं तुमसे लाखों बातें करती हूँ
सोचती हूँ
अभी इस पल में तुम साथ होते
तो मैं कैसे उठती, बैठती,
कौन-कौन सी बातें तुम्हें सुनाती
अगर तुम मेरे साथ
किसी लंबी सैर पर जाते
तो कैसे मैं तुम्हारा हाथ थामती
तुम्हें अपने बारे में बारीकी से बताती
खुद की बुराइयाँ तुम्हें दिखती हैं
मैं कितनी वाहियात श्रोता हूँ
तुम्हें बताती

कैसे मैं कभी-कभी लोगों के जन्मदिन भूल जाती हूँ
कैसे मैं ना चाहते हुए भी बातें छिपाती हूँ
मैं बहुत सारे फुलके खाती हूँ
कई दफा अपने दोस्तों को फॉर ग्रांटेड ले लेती हूँ
मैं ना चाहते हुए भी कभी-कदार घर वालों से झूठ बोल जाती हूँ
लोगों को टालती हूँ
बहुत ज्यादा सोचती हूँ
और न जाने क्या-क्या
तुम कब मिलोगे मुझे?
शायद मुझे और इंतज़ार करना होगा
तैयार हूँ मैं
पर जब मिलोगे
तो बेहतर श्रोता बनके आना
क्योंकि बहुत सारी कहानियाँ में हज़ार किस्से लिखे हैं मैंने
तुम्हारे बिना, तुम्हारे साथ होने के
वो सब सुनाने हैं, तुम्हें भर के मोहब्बत करनी है!

14. समाज

समाज ने पूछी है
औरत की शादी की उम्र
समाज ने बताया है
पुरुष की नौकरी करने की उम्र को
समाज ने ये भी कहा है कि
जो औरतें 25 तक शादी नहीं करतीं
उनमें पाई जाती है कोई कमियाँ
होती होगी ऐसी कोई बीमारियाँ
जिन्हे मां-बाप सब मिलकर छिपा रहे
तभी तो
अभी तक बिटिया बिहाई नहीं गई
समाज ने बोला
कि पुरुष घर में नहीं बैठ सकते
अपनी पत्नी से वे प्यार से बात नहीं कर सकते
इससे उनकी मर्दानगी घट जाती है
उन्हें शीर्ष दिया जाता है: मौगा, मुंहचोर, कामचोर, घर जमाई
अगर आप सोचेंगे
तो आप जानेंगे कि समाज एक कोहरे की भाँति है
जिसने सच्ची को ढक दिया है
जिसने एक बड़ी ही बेईमान दोगली दुनिया बनाई है
आखिर..........
समाज में हैं तो हम और आप जैसे ही लोग!

15. मौत सहेली है मेरी

मैं खुद से कभी अपनी जान नहीं लूंगी
पर जब मौत आएगी
तो मैं उसके हाथ पाँव नहीं पड़ूंगी
मैं मरना नहीं चाहती
पर जब मौत आएगी मिलने
तो मैं उसके आगे अपने घुटने नहीं टेकूंगी
मैं नहीं झुकाऊँगी अपने सर को
ना एक आंसू को बहाऊँगी
जब मौत आएगी मिलने
तो मैं उसके साथ जाऊंगी
ना चीखूंगी, ना चिल्लाऊंगी।
मरना एक सुखद आनंद है
स्त्री होने के
सारे दाग मिटाने का एक ज़र्रा है
मरना अच्छा है एक स्त्री के जीवन जीने से
मरना सुकून है,
किसी के घर चूल्हे के आगे जलने से
जब मौत आएगी
तो ये स्त्री मुस्कराएगी
गले से लगेगी अपनी सहेली को
मौत सहेली ही तो है मेरी!

16. थूकती है द्रौपदी

देखो रो रही वो
देखो, उसके खून से निकलते आँसू को
देखो उसके शरीर को
कैसे चीख रही
आखिर पूछती है द्रौपदी
कृष्ण क्यों आएंगे बचाने
है उसकी आँखें नम
इसीलिए नहीं, कि उसके वस्त्र को अनगिनत आँखें देख रही
कर रही इंतज़ार, निवस्त्र होने का
बल्कि इसीलिए कि
जो क्या हुआ
अगर सब देख लेंगे एक स्त्री को बिन सूती कपड़े के
बोलती है द्रौपदी
देखो मेरी योनि
देखो, इससे बहता खून देखो
तुम देखो, कैसे तुम दरिंदों को हमने अपने कोख में रखा
देखो हमारे अमाशय को
इसे चीर के बाहर लाया था तुम सबको
थूकती है द्रौपदी
सभा में बैठे सभी नामर्दों पे
देखती है वो अपने पतियों को
कैसे अपने हाथ बाँध लिए उन्होंने

दूसरों के भरोसे बेच दिया नारी को
और अब कहते हो कृष्ण बचाने आएंगे
क्यों आएंगे कृष्ण
नहीं ज़रूरत है किसी वस्त्र की इस द्रौपदी को
मदद करनी होती कृष्ण को
तो नोंच लेते उन सभी की आँखें
जो इंतज़ार में थी मेरी नग्न हृदय को देखने के लिए
बोलती है द्रौपदी
जो देख लेने नग्न मुझे
काश देख पाते मेरे मन को भी
पहले इंतज़ार करते हो तुम
कि किया जाए मुझे मैला
फिर आओगे तुम सबकी नजरों में मेरी लाज बचाने
हाय राम, कैसा दोगला पन है ये
बोलती है द्रौपदी
ना तो मिला सम्मान ही पूर्ण रूप से,
ना मिली असमानता की कटोरी
हे कृष्ण, सहारा बनना ही था तो
खड़े होते मेरे साथ सभा में
बचाने वास्ते नहीं, हौसला दिखाने वास्ते।

17. दादी

एक दिन खुलेगी वो किवाड़ी
छिटकनी भी तोड़ दी जाएगी
बाहर आएंगी उनमें से एक बुजुर्ग महिला
दादी को लगता है
कि बंद दरवाजे उनके लिए संदूक की तरह हैं
अकेले में बैठना, खाना, सोना
अब उन्हें भी पसंद आ रहा
हाथों की चुड़ियाँ और पैरों की बिछिया तो
दस साल पहले ही निकाल दी गई थी
कमरा भी बड़ा नीरस सा है
एक चौंकी, पतली सी दरी और कुछ सफेद रंग के कपड़े हैं
कमरे में आईना नहीं है,
सिर्फ़ एक नारियल की तेल और पुरानी घिसी कंघी ताखे पे से देख रही
दादी को अब दिलचस्पी नहीं गीत गाने की
कहती है कि अब सब हो गया है,
भूली बिसरी हैं वो सब हँसी-ख़ुशी के तरीक़े
जो आज से दस साल पहले याद हुआ करते थे उन्हें
गाँव के लोग भी बिन बात तरस खाते हैं
कितनी अजीब बात है, शादी के पहले की पूंजी को भूल गए सब
आदमी के चले जाने के बाद दादी को लाचार घोषित कर दिया गया
गाँव की नज़र में यानी सिर्फ़ शादी होने का बाद
और माँग से लाल रंग हटने के पहले तक का ही सफ़र को

दादी की ज़िंदगी का अस्तित्व माना गया है
ये किसी को याद नहीं कि
उसे साग बहुत पसंद है
किसी को याद नहीं
कि दादी बिरहा गाने में खूब अव्वल थी
दादी को तो घरवालों ने कहा मांस मच्छी भी छोड़ दो
यानी आप ये सोचे
कि औरत अपने आप में कुछ नहीं
उसके खाना से लेकर,
उसका बाहर जाना तक टिका है बस चंद सालों की शादी पे,
हैरान हैं सभी लोग,
क्योंकि दादी अब अपने कमरे में खूब गाती हैं!

18. मुझे लिखना नहीं आता

कभी-कभी मुझे लिखना नहीं आता
खैर बात ये भी है
कि जबरदस्ती कोई कितना लिख सकता है
क्या ऐसा समय आएगा??
जब मेरी लिखने की सीमा ख़त्म कर दी जाएगी
जब कलम को देख के घृणा करूँ
पन्नों में वो स्वाद ना दिखे
पढ़ने की कोशिश करूँ
तो शब्द भूगोल से लगे
कभी-कभी मुझे लगता है
कि मैं नहीं लिखना चाहूँगी
ना तरल पे ना स्थल पे
ना काग़ज़ों पे ना प्रार्थनाओं में
कोई तो होगी
सीमा लिखने की?

19. डेवलपमेंट

गाँव अब शहर जैसा होते जा रहा
अब वो पहले जैसा नहीं रहा
मिट्टी के मकान
गाय की भुस्सी रखने वाली जगह
माटी से लीपे जाने वाली ज़मीन
लालटेन,
और वो मिट्टी वाली चूल्हे की तरकारी
सब डेवलपमेंट नामक शब्द से बहुत पीछे छुट गई
जब रेस लगाई गई
चापाकल और नल में
तो जीत हिस्से आई नल के
अब चापाकल थके मन से देखता है
सुख गई है पानी
जंग लग गए हैं उसके बदन पर
कड़ी धूप में खड़ा ताक रहा
घर की औरतों को नल से बर्तन धोते
अब चूल्हे की राख को
फेंक दिया जाता है ज़मीन पर
बर्तन धोने के लिए नए साबुन मार्केट में आ गए हैं
बिजली भी अब एकदम नियम से अपनी हाजिरी लगाती है
सड़के साफ़ हैं
अब गड्ढों में पानी नहीं जमते

अब कोई किसी के घर सब्जी की कटोरी लेकर नहीं जाता
सब में मकान के तल्ला बढ़ाने की रेस जो लग गई है
शहरी बाज़ार ने ख़रीद लिया
चूड़ीहारीं की दौड़ी को
अच्छा भी है!
होना चाहिए
पर दुख इस बात का है
कि अब धीरे-धीरे
गाँव के लोग भी शहर के लोग जैसे होते जा रहे!

20. आज़ादी को ख़रीदना पड़ता है

तुम्हें उठना है तो
कलम उठानी होगी
लड़ना है
तो आवाज़ भी बुलंद करनी होगी
सब अपने आप कैसे हो जाएगा
घर में बैठ-बैठे सब ठीक कब हो जाता है?
सवाल तभी करो
जब जवाब सुनने के लिए तैयार हो
बिना बोले कब किसी को कोई चीज़ मिल गई
आज़ादी को ख़रीदना पड़ता है
लोगो से, बड़े-बड़े दफ्तरों से
घर में रह रहे पितृसत्तात्मक परिवार से
जब तक तुम नहीं उठोगी
तब तक कोई उठाएगा भी नहीं
घर में बंद,
रसोई में फुलके पकाती महिला
हर किसी को शोभा देती है
हाथों में बैग और मोटी सैलरी वाली महिला
समाज की आँखों में चुभती है
चुभने दो तो
तुम्हें क्या मतलब उनसे
तुम वो करो

जो आगे आने वाली 100 महिलाओं को प्रेरणा दे सके
देहात की महिला अभी भी 12वीं के बाद नहीं जाती कॉलेज
अगर तुम शहर में रहकर सवाल ना उठा सकी
तो लानत है तुम पर
ख़रीदो आज़ादी को
बड़े कॉलेजों से, कंपनियों से
और अपने आप से!

21. कितना कम सा तो फर्क है

उन दिनों में कितने पति अपनी पत्नियों की सेवा करते हैं
कितने प्रतिशत पुरुष दबाते हैं पैर
कितने पुरुष गर्म पानी का थैला लाकर देते हैं
कितने पति अपनी पत्नी के पास बैठ के बात करते हैं
उनकी खाने की इच्छा को कब तवज़्ज़ो दी जाती है
बाज़ार से उनके कहने पर उन दिनों में कितनी बार समोसे और कुल्फी लायी गई है
कुछ नहीं किया गया
किसी को पता ही नहीं होता
ये कब आके कब चला जाता है
कितने दिनों तक रहता है?
पैर दर्द करते हैं सिर्फ़ या रोना भी आता है
पर वही एक छींक पे आती हैं पत्नियाँ
गर्म पानी लेकर,
कंधे पे तौलिये रख कर,
गर्म-गर्म चाय, अदरक डाल कर
अपनी बालों में कंघी लगी हो या ना हो
उनके माथे लगेंगे तेल
और मला जाएगा तलवा
गर्मी में पंखे बंद करके सो जाएंगी वो
बस कितना कम सा तो फर्क है!
कैसे कोई इसे देख सकेगा!
है ना!

22. उसे चाहिए

एक आधुनिक भारत की स्त्री को तुमसे प्रेम चाहिए
जिस्मों से खेलने वाले इस युग में भावनाओं की समझ चाहिए
वो तुमसे क्यों मिलेगी
भला तुमसे वो अपनी बातें क्यों कहेगी
जब उसे पता है कि वो स्त्री अधिकार वादी है
और तुम पुरुष रूढ़िवादी
एक स्त्री को चाहिए समानता
उसकी माँग है तुम्हारी बराबरी की सोच
व्यक्तिगत तौर पे उसकी चाह है कि वो तुम्हें पसंद करें
तुम्हारे लिए वो अपना समय बाँटे
किंतु वो अकेले असफल है
लाखों प्रयास के बाद भी वो तुम्हें अपने साथ नहीं देख पाती
उसे चाहिए कि तुम उसकी आशाएं समझो
काबिलीयत पे सवाल उठाने के पहले खुद से उसे प्रोत्साहित करो
उसके पास जाओ और आँखों में गहरे छिपे विचार को पढ़ो
फिर कहीं शायद वो स्त्री कुछ कदम बढ़ा पाएगी
क्योंकि एक आधुनिक भारत की स्त्री को तुमसे केवल प्रेम चाहिए।

23. प्रेम में पागल स्त्री

किताबें अक्सर स्त्री के मन को दर्शाती हैं
लिखने वाले की सोच को बतलाती हैं
कोई तो होगा
जो एक दिन लिखेगा
प्रेम में पागल स्त्री
कैसे घर की चौखट को लांघ जाती है
कोई तो लिखेगा
कैसे वो अपने भय को नोंच फेंकती है
समाज की नज़र में बदचलन, बेवफ़ा और बाग़ी बन जाती है
अपने प्रेमी के लिए वो सब सुख चैन,
आंगन, लाड-प्यार, धन–दौलत, कपड़े, ज़ेवर, चुड़ियाँ,
अंगूठी और अपने देवता की मूर्ति तक छोड़ आती है
सावन के पतझड़ में नदी तक पार कर जाती है
अपने आप से ही कितनी बार जंग हार कर आखिर में जीत जाती है
कोई तो लिखेगा...।

24. वासना

वासना क्या है?
किसी के प्यार में रंग जाना
या खुद के आकार को उसके सामने बे-पर्दा करना
मोहब्बत सिर्फ बातें नहीं करती
मिलन का होना और दोनों को एक में महसूस करना
शायद वासना है।।।
खुद अपनी जुबान को उसकी आहट से छिपाना
हर अंग पे उसके नाम का तिलक लगाना
बिना बोले हजारों सवाल को एक होकर मिटाना
वासना इश्क का एक जरूरी पहलू है
वासना लत या बेवकूफी नहीं
वासना मन में चल रही हलचल को शांत करना भी है
वासना बेजुबानी है
वासना इश्क का वो स्थान है जहां प्रेम का रस दो कली से मिलकर एक फूल बनता है
वासना बेशर्म अथवा एक विधान है
वासना प्रेमी का वस्त्र है
वासना तुम में है
वासना मुझमें है
वासना हम में है...।

25. प्रेम

प्रेम में खुशी एक भ्रम के समान है
प्रेम में ऊर्जा एक स्वप्न जैसा है
प्रेम तो तोड़ता है
प्रेम पीड़ा की दूसरी क्रिया है
प्रेम चाह से ज्यादा तड़पना है
प्रेम नींद में रोते हुए एक बच्चे की तरह है
प्रेम मनमोहक कहां
प्रेम त्याग है
जो मिल जाए
वो अभिलाषा है
जो छूट जाए
वो अधूरा है
जो कभी मिला नहीं
जिससे कोई बिछड़न नहीं
प्रेम का एक अंश तो केवल वो है।

26. तुम्हारी कविताओं का हिस्सा होना है

मुझे हमेशा कविताएं नहीं लिखनी
मुझे कभी–कभी तुम्हारी उन कविताओं का हिस्सा होना है
जिन्हें तुम किसी से साझा नहीं कर पाते!
मुझे तुम्हारे शब्दों में अपने अल्हड़पन को देखना है
समझना है कि तुम कैसे मुझे देख पाते हो
जैसे मेरे हर लिखे शब्द तुम्हारी यादों का हिस्सा होते हैं
क्या तुम भी मुझे वैसे पन्नों पे उतारते हो?
शायद मुझे अब शब्दों से कम
तुम्हें लिखने के ख्याल से ज्यादा प्रेम है।
शायद तुम्हें ना पाते हुए भी तुम्हारे साथ होने का अभिमान है
क्या लिख पाते होगे तुम मेरी कल्पनाओं को
अगर नहीं, तो ये चाहत है तुम्हारे प्रेमिका की
कि तुम लिखो
कैसी वो होगी जब तुम उसके सामने होगे?
कैसे उसकी नज़रें इतराती होंगी
जब तुम उसकी गलियों में आते होगे
वो क्यों हर बार खुले आसमान को देखती होगी?
कैसे उसकी आँखें तुम्हारे एक झलक को तड़पती होगी
ये चाह है एक कवयित्री की
कि वो भी तुम्हारी कल्पनाओं का एक बड़ा हिस्सा बने।

27. इस तरह एक कवयित्री प्रेमिका का रूप लेगी

मैं तुमसे अपने प्रेम का भाव तीन शब्दों में नहीं करूंगी
मैं उन्हें मोतियों की तरह अपनी कविता में गढ़ूंगी
एक खुशबू की तरह हवाओं में बिखेरूंगी
मैं अपनी कविता में तुम्हारा प्रेम लिखूंगी
तुम्हारे लिए मन में जो हलचल पैदा हुई है
उसकी तुलना समुद्र के लहरों से करूंगी
जो कुछ भी तुम बोलोगे
मैं उसे सोने-चांदी से ज़्यादा कीमती समझूंगी
इज्ज़त, लज्जा और प्रेम का भाव रख कर
हर आकार को एक करूंगी
और इस तरह एक कवयित्री प्रेमिका का रूप लेगी।

28. कब्र से न्यायालय तक का सफर

एक दिन उठेंगी सारी औरतें
कब्र में से,
अस्पताल में से,
राख में से,
चूल्हे में से,
खड़ाऊ पहने पहुँचेंगी उच्च न्यायालय
वहां जज साहेब कोई बड़ी डिग्री वाला नहीं होगा
उस कुर्सी पर बैठेगी
उन्हीं में से एक बालिका
और बुलाया जाएगा उन सभी काले मनुष्य को
जिन्होंने एक-एक साज़िश करके
सारी बच्चियों, महिलाओं से छीन लिया हक़ उनका
बांधे जाएंगे हाथ-पाँव
बोलने तक का मौका नहीं दिया जाएगा
नहीं, आप ये न सोचे कि
उनका सुलूक वही करेंगी महिलाएं
जो उन्होंने मिलकर किया है इन सभी का
बंधे हाथ-पाँव और जुबान को देखेंगी वे
उन्हें महसूस कराएंगी वही डर, पीड़ा, बेचैनी
सभी औरतें सामने आके खूब हँसेंगी

देखेंगी उनकी चेहरे पर उड़ी रंगत को
फिर क्या?
छोड़ दिया जाएगा ज़िंदा ही उन्हें
क्योंकि वे तब तक गिर चुके होंगे अपनी नज़रों में
मुर्दा मन लेकर घूमेंगे बाजार में
होगा सब कुछ,
पर छीन जाएगी ख़ुशी
और मिलेगा उन सभी महिलाओं को एक सुकून
अब वो तसल्ली से यमुना पार करके रवाना हो जाएंगी।

29. गांव का प्रेम

शहर का प्रेम तराज़ू पे जोखा जाता है
गांव में ये मामला
बड़ा आहिस्ते-आहिस्ते चलता है
वहां के प्रेम में एक झिझक देखी जा सकती है
बात-चीत दूर कहिये
किन्तु खबर सबकी-सबको रहती है
गांव का प्रेम निश्छल और साफ़ है
जहाँ साथ रहने की भावना सम्मिलित है
शहर का प्रेम कच्चे घड़े में पानी भरने सामान
और साधारण पाया जाता है
प्रेम को अब प्रेम रहने कहाँ दिया गया
इसे वो हर बदनामी भेंट की गई
जो इसके चरित्र पर दाग लगा दे
प्रेम शब्द एक है
पर इसके मायने शहर और गांव में अनेक हैं
गांव में प्रेम पैसों का मोहताज नहीं
शहर में प्रेम वादों का आदि नहीं
निंदा की जा सकती है ऐसे प्रेम की
जहाँ छल की नाक ज़्यादा ऊँची हो विश्वास से
शहर का प्रेम मेट्रो की स्पीड से चलके ख़त्म हो जाता है
गांव का प्रेम बैलगाड़ी सामान धीमे-धीमे साथ चलता है
उसे जल्दी नहीं होती

क्योंकि पता है उसे सफर में साथ जरूरी है
खरीद सकते हो शहर के प्रेम को
गांव का प्रेम पैसा, छल, धोखा से कहीं ज़्यादा ऊपर शांत बैठा है।

30. पुरुष मौन है

पुरुष मौन है
पुरुषों के वजह से
स्थिर होकर देख रहे केवल,
पीड़ा उन्हें बताना नहीं आता।
वे नहीं जानते
रोना-बिलखना मन के लिये
अच्छा होता है
कौन बताए उन बेचैन मन को
काश रखा जाता उन्हें
किसी चार दीवार के भीतर
जहां समझते वे ख़ुद को
अकेला पाते तो शायद जानते वे भी
कि कैसा लगता है ख़ुद से
मिलना
कैसा अदृश्य अनुभव होगा
ख़ुद को ये बता पाना
कि तुम सब करने के साथ-साथ रो भी सकते हो!

31. प्रेम में पुरुष बच्चा बन जाता है

स्त्रियाँ बोलती हैं अपनी गाथा!
भला पुरुष से कौन पूछेगा?
वो ज्यादा बोलते नहीं
इसीलिए लेखकों ने भी कम लिखा है
उनके प्रेम प्रसंगों के बारे में
प्रेम में पुरुष बच्चा बन जाता है
वो अपनी स्त्री की कही हर बात
पत्थर की लकीर मानता है
ना हिचकिचाता है,
ना रोने से डरता है
प्रेमिका के सामने वो अपनी जिंदगी के
कैद लम्हों को खुल के जीता है
प्रेम में पुरुष बड़ा नाज़ुक होता है
देखता है वो खुद को भी अलग नज़र से
पाता है खुद को थोड़ा और तरो-ताज़ा
वो जानता है
कोई समझे या ना समझे
समझेगी केवल उसकी अपनी स्त्री
जी-जान लगा देगा वो
हर घटिया सोच से अकेले ही भिड़ जाएगा वो
बस अगर प्रेम सच्चा हो
बस अगर वासना से पहले प्रेम हो।

32. प्रेम को मैं अभी पूर्ण विराम लगाती हूँ

मुझे लगता है
मैं एक हाथ में कलम
और दूसरे हाथ में प्रेम लेकर
एक साथ न चल सकूंगी
दोनों का एक साथ चलना
इस युग में मेरे लिए भारी है
निंदा करती हूँ ऐसे प्रेम की
जो स्याही छीन ले
जब चुनने की बारी आएगी
तो चुनूंगी मैं स्याही को
प्रेम की पीड़ा में रहूंगी कुछ वर्षों
पर स्याही से बिछड़ कर कैसा जीना
मुझे डर है
कि उठेंगे कई हाथ
मेरी स्याही को अलग करने मुझसे
पर मैं कायरता का मार्ग लेकर
छिपूँगी नहीं
जब बारी आएगी चुनने की
चुनूंगी मैं स्याही
प्रेम को अगले जन्म तक के लिए
मैं अभी पूर्ण विराम लगाती हूँ।

33. सवाल

सवाल करना अच्छी आदत है
पर मुझे वो सभी सवाल से घृणा है
जो मेरे कदम को रोक सकती है
जो मेरे दिनचर्या पे नजर रखती है
मुझे उन सवालों से उदासी है
जो मुझे कहीं बढ़ने से थाम लेते हैं
सवाल जो तरक्की का मार्ग दिखाए
ऐसे सवाल क्यों नहीं पूछते भला
तुम तो वही पूछोगे
जो मेरी आत्मसम्मान को ठेस पहुंचाए
आशा करूँगी कि पूछोगे तुम मुझसे
मेरी बुद्धिमानी के बारे में,
मेरी विचारधारा के बारे में,
देश-दुनिया, घर-गांव के बारे में
25 की उम्र में नौकरी करने के बारे में,
28 की उम्र में देश-विदेश यात्रा करने के बारे में,
35 में मेरी उपलब्धि और असफलता के बारे में,
वो सवाल कभी मत पूछना
जिनपर तुम्हारा हक़ नहीं है
जिन्हें व्यक्तिगत तौर पे थोपा गया हो
सवाल लाखों की संख्या में किए जाएंगे
पर क्या सवाल पूछने हैं,
इसका चयन केवल तुम कर सकते हो।

34. जीत उसी हार में छिपी होगी मेरी

मुझे हर बार लगता है
कि मैं तुम्हें कितना भी प्रेम कर लूँ
तुम्हारा इस रिश्ते में ज़्यादा प्रेम करना जरूरी है।
मैं तो आऊँगी ही
सब दुख-सुख समेटे,
मगर जो तुम आधे-अधूरे आए
तो सब बिखर जाएगा,
लाख कोशिश कर लूँ
कदम से कदम मिलाने की,
पर मेरी हर कोशिश
असफल होती नज़र आएगी
क्योंकि छूट जाऊँगी मैं पीछे
हर बार आगे बढ़ने के क्रम में।
तुम्हारा पूर्ण होना ही
तय करेगा हमारे रिश्ते की उम्र को,
मैं चाहूंगी कि
फीकी रह जाए मेरे प्रेम की चमक
तुम्हारे प्रेम के आगे
सच मानो तो जीत उसी
हार में छिपी होगी मेरी

इसीलिए कह रही हूँ,
मैं तुम्हें कितना भी प्रेम कर लूँ
मगर तुम्हारा प्रेम ज़्यादा करना
इस रिश्ते में बहुत महत्वपूर्ण है!

35. विश्वविद्यालय की डिग्री

माँ-बाप जोड़ रहे होंगे दहेज़
मैं कहती हूँ
खूब दहेज़ जमा कर लो
जितनी औकात न हो उससे अधिक कर लो
उस दहेज़ का उपयोग करने लायक
जब पुत्री हो जाये तुम्हारी
तो लगा दो पैसे उसपर
लड़के खरीदने-बेचने में नहीं
उन्हें १२-१५ लाख में खरीद के
क्या कर लोगे तुम
खरीदो तुम बड़े-बड़े विश्वविद्यालय की डिग्री को
खरीदो तुम स्वतंत्रता को
उन पैसों से सीखो कोई कार्य
लाओ अपने अंदर एक ऊर्जा
उन पैसों को लगा दो तुम
पन्नों पे, कलम और किताबों पे
तब जाकर ये दहेज़
तुम्हें मीठा फल देगा
वरना खरीद लिए जाते हैं लड़के २०-२० लाखों में
सरकारी नौकरी भी उन्हीं के नाम की जाती है
तुम्हें वहां से कोई फल नहीं मिल सकेगा
अब ये तुम्हें तय करना है
कि दहेज़ के पैसे से दाई की डिग्री खरीदोगे
या खरीदोगे तुम खुद के जीवन को।

36. कौन है असफल?

असफलता हर तरफ है
पुरुष के 25 होने पे वो असफल हैं
क्योंकि सरकारी नौकरी हाथ नहीं लगी
महिला के 25 होने पे
क्योंकि उसकी शादी नहीं हुई
बच्चे 12वीं कक्षा में
क्योंकि मेडिकल की परीक्षा नहीं निकल सकी
हमें जब-जब जो लगा है
कि बस यही सही है अभी इस वक़्त
तब-तब वही सबसे गलत होता है
तुम्हें संघर्ष तो करना ही है
पर जब मेहनत कर ही रहे हो
तो दिशा का चयन उत्तम होना चाहिए
हार मान जाओगे तो लड़ नहीं पाओगे
ये समाज तुम्हारी मेहनत का मज़ाक उड़ाएगी
पर जब कुछ हासिल कर लोगे
तो यही अंधी समाज पीठ थप-थपाएगी
तुम बस अपना सोचो
खुद के ऊंचाइयों की तलाश में रम जाओ
अगर अभी खुद की जगह नहीं ली तुमने
तो कोई और आके ले लेगा
और एक उम्र निकलने के बाद
मन में अफ़सोस के अलावा
कुछ न ढूंढ सकोगे तुम।

37. लैंगिक असमानता की पहुँच

कई पर्व बनाये गए
त्यौहार मनाये गए
ये सब एक चाल चली गई।
कुछ पुरुषों ने मिलकर
एक छिपी संविधान लिखी
ये संविधान आप पढ़ नहीं सकते
केवल महसूस या देख सकते हैं
अब तीज जो औरतें
अपने पतियों के लिए नहीं करती
वो अगले जनम में
साँप या बिच्छू पैदा लेती हैं
ऐसा व्रत कथा में कहा गया है
साइंस शायद अभी तक
इतना आगे नहीं बढ़ पाया है
कि वो धार्मिक किताबों को टक्कर दे सके
रोका गया उन सभी मजबूत क़दमों को
इन ढकोसले कामों में उलझाने के लिए
ताकि न बढ़ सके वो
दफ्तरों में, कार्यालय में, खेतों में, विश्वविद्यालय में
डरा दिया जाए उन्हें
कि अगर जो वो पूजा-पाठ नहीं करेंगी
2 किलो लड्डू और नारियल नहीं चढाएंगी

तो उनके वजह से
उनके बच्चे और पति बीमार पड़ जाएंगे
नहीं रखा जो कुंवारी लड़कियों ने
अगर करवा चौथ
तो अच्छे पति नहीं मिल सकेंगे।
अफ़सोस, बहनों ने रखा है भाई के लिए उपवास
पत्नी ने पतियों के लिए,
महिलाओं ने घर के लिए,
माँ ने बच्चों के लिए,
पर नहीं रखा उपवास
किसी बेटों ने, पतियों ने, पुरुषों ने, भाइयों ने
पर्व मनाना किसी अकेले की जिम्मेदारी कबसे हो गयी
किसी ने ध्यान ही नहीं दिया
किचन से पकौड़े छनते गए
बाहर पुरुषों ने बस चटनी में मिर्ची कम है
ये जवाब दिया
पटाके फोड़े,
रंगोली थोड़ी गोल नहीं बनी
ये अफ़सोस जताया
मैं, खंडन करती हूँ ऐसे पर्व का
जहाँ मैं और तुम हम नहीं हैं
जहाँ लैंगिक असमानता
की पहुँच इतनी ऊँची हो
कि तुम समझ न सको।

38. राहत सी मिल गयी इस विधवा को

गुज़र गया वो शख़्स
जिसका वर्षों से साथ था
अभी तक समझ नहीं आ रहा
कि दुखी हूँ या खुश।
नहीं-नहीं,
दुखी तो होना चाहिए
एक लगाव सा जो था
क्लेश में भी अपनापन था
लड़ाई में मोह था
पीड़ा में हीं शायद प्रेम था
वियोग में ही चिंता थी
कड़वी बोली में ही
उल्लास रहा होगा
कुछ ऐसा सोच लेती हूँ।
नहीं तो दुखी नहीं दिखी
तो सब मुझे क्या-क्या पुकारेंगे,
पर सच पूछो तो
उसके जाने के बाद
बस हल्का सा खालीपन है
बाकी सुकून बहुत है

अब हर दिन कोई थाली नहीं फेंकेगा
नशे के आड़ में चटकनी नहीं लगाई जाएगी
अब मैं नीचे नहीं
बिस्तर पे सोऊंगी
घर में अब मेरी पसंद की तरकारी बनेगी
जब मन आएगा तब उठूंगी
जब मन आएगा तब बाल बनाऊंगी
गुड़िया की तरह रह-रह के
थकान आ दौड़ी है देह में
अब बस सोऊंगी
दूध-दही और मलाई भी खाऊंगी
अब किसी के पीछे बैठना नहीं पड़ेगा
हर सुबह धूप बदन में समेटने के लिए
कुर्सी पर बैठ जाऊंगी
दुखी तो नहीं हूँ,
खुश भी क्या करूँगी रह के
पर एक राहत सी
जरूर मिल गयी है
इस विधवा को।

39. पुरुष, महिला और भूगोल

पुरुष भूगोल पढ़ के
बन गए मास्टर
महिला भूगोल पढ़ के
बनाने लगीं गोल रोटियाँ

पुरुष साइंस पढ़ के
बने वैज्ञानिक
महिला के हिस्से आया
होम साइंस

पुरुष पॉलिटिक्स पढ़ के खड़े हैं
माइक के सामने नेता बने
महिलाओं के हिस्से आया
सास-ननद पॉलिटिक्स

पुरुष ग्रेजुएशन करके
चले गए दिल्ली
सरकारी नौकरी की तैयारी के लिए
महिला ग्रेजुएशन के बाद ब्याह दी गई
उसी नौकरी करने वाले से
क्योंकि ये ग्रेजुएशन
बिहौती पढ़ाई की डिग्री है
ना कि नौकरी की।

40. लिखते रहूंगी

एक दिन मैं थक जाऊंगी
अपने मस्तिष्क की दुनिया से
लड़ते-लड़ते
कोई नहीं बचा सकेगा मुझे।
इतने सवाल हैं कि
4 जनम लेकर भी
जवाब पूरे नहीं मिलेंगे।
एक जंग छिड़ गई है
खुद से-खुद में
खुद की सोच से खौफ आने लगी है
कहीं मैं आम चीज़ों को भी
खास तो नहीं बनाते जा रही
क्या होगा जो मैं खुद को
रोक ना पाऊँ
मुझे लगता है
अब मौत ही रोक सकेगी।
एक बार जो बढ़ चुकी हूँ
तो नामुमकिन है पीछे आना,
खैर, तब-तक
लिखते रहूंगी
जब तक ऊपर-वाला
लिखने की ताकत न छीन ले।

THE END

www.ingramcontent.com/pod-product-compliance
Lightning Source LLC
La Vergne TN
LVHW041221080526
838199LV00082B/1871
* 9 7 8 9 3 7 0 1 8 8 3 8 9 *